My eerste prente-woordeboek

AFRIKAANS • ENGELS

HUMAN & ROUSSEAU
Kaapstad Pretoria Johannesburg

Hoofredakteur: Jilly MacLeod
Kunsdirekteur: Rachel Hamdi
Ontwerpkonsultant: Sophie Stericker
Bandontwerpers: Susi Martin, Sonia Dobie
Ontwerpers: Holly Mann, Sarah Borny
Redakteur: Caroline Hind

Oorspronklike titel: *My First Picture Dictionary*

Afrikaans deur Riëtte Botma
Eerste Afrikaans uitgawe in 2001 deur
Human & Rousseau (Edms.) Bpk.,
Waalstraat 28, Kaapstad
in medeproduksie met HarperCollins Children's Books,
'n afdeling van HarperCollins Publishers Ltd, Londen, V.K.
Geset in 18 op 20 pt Delgardo Infant deur ALINEA STUDIO, Kaapstad
Gedruk in Hongkong

ISBN 0 7981 4177 8

Inhoud

Hoe om dié boek te gebruik

Kinders speel graag met woorde en die aanleer van 'n nuwe taal kan groot pret wees. Hierdie kleurryke tweetalige prentewoordeboek is spesiaal ontwerp om jong kinders se taal- en leesvaardigheid te ontwikkel. Hulle maak terselfdertyd kennis met eenvoudige Engelse woorde uit bekende situasies.

Op pad na tweetaligheid

Suid-Afrikaanse kinders word in 'n veeltalige samelewing groot en moet hulle noodwendig in meer as een taal kan uitdruk. Sodra hulle tuis is in hul moedertaal, is hulle gereed om 'n tweede taal aan te leer. Gebruik die boek saam met jou kind en moedig hom aan om te gesels oor wat hy sien: Laat hom die prente beskryf, die voorwerpe in albei tale benoem en die vrae beantwoord. Deur dit

Lees die opskrif 'n paar keer hardop en volg die reël van links na regs met jou vinger. Gee nou jou kind die geleentheid om dit ook te doen.

Wys na die prent en lees die woorde hardop terwyl jy jou vinger van links na regs eers onder die Afrikaanse woord en dan onder die Engelse woord beweeg. Vra jou kind om die woorde te herhaal.

Vra jou kind om te sê wat elke voorwerp is en dit ook in die hoofprent te soek.

keer op keer te doen, brei kinders hul woordeskat uit, leer hulle om van links na regs na woorde te kyk, en hoe om prente te herken en met simbole, letters en woorde in albei tale te assosieer.

Gesels daaroor

Die karakters op hierdie bladsye verskyn dwarsdeur die boek in 'n reeks situasies wat vir kinders bekend sal wees. Help jou kind om hulle by naam te leer ken, om te praat oor wat elkeen doen en dan van sy eie bedrywighede te vertel. Die illustrasies bied ook volop geleentheid vir verdere vrae om jou kind aan te moedig om nuwe woorde te oefen.

Lees die vrae en moedig jou kind aan om in Engels te antwoord. (Die antwoorde verskyn in die prent.)

Moedig jou kind ook aan om voorwerpe in sy eie omgewing aan te dui en te benoem.

Vra ook jou eie vrae oor die prent. Sodra jou kind met kleure en getalle kennis gemaak het (sien bl. 40-43), kan jy dié konsepte ook in jou vrae insluit, bv.: "Hoeveel verfkwaste sien jy?"

Deur die karaktertjies se name te leer, sal jou kind die boek nog meer geniet.

Vra jou kind om die voorwerpe in die hoofprent met die voorwerpe aan die linkerkant van die bladsy te verbind, en omgekeerd. Moedig hom aan om die Engelse woord te gebruik wanneer hy na die voorwerp soek.

Pret by die huis

deur
door

venster
window

stoel
chair

rusbank
sofa

kussing
cushion

horlosie
clock

televisie
television

telefoon
telephone

Wat het Jakkie deur die venster gegooi?
Wat sê vir ons hoe laat dit is?

So lyk ek!

kop
head
hare
hair
neus
nose
oog
eye
oor
ear
tande
teeth
mond
mouth
nek
neck
skouer
shoulder
Waarmee ruik 'n mens?

Noem al die verskillende liggaamsdele op.
duim
thumb
vinger
finger
hand
hand
arm
arm
magie
tummy
elmboog
elbow
boudjies
bottom
knie
knee
been
leg
enkel
ankle
toon
toe
voet
foot

Ons hou partytjie

ballon
balloon

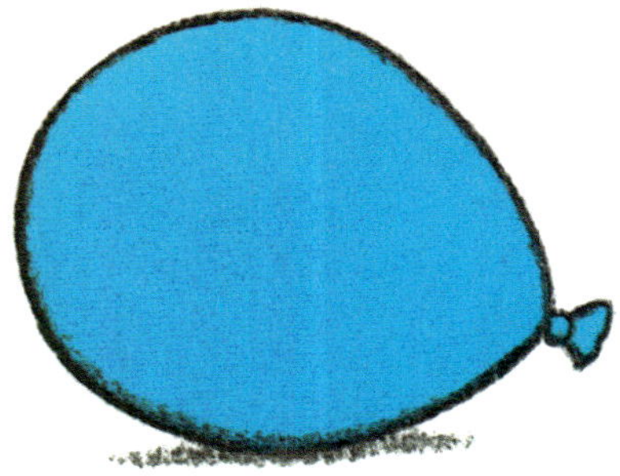

masker
mask

geskenk
present

partytjiehoed
party hat

roomys
ice cream

koek
cake

vrugtesap
fruit juice

lekkers
sweets

Wat eet die baba?
Wat het Pa in sy hande?

Pret by die kleuterskool

rekenaar
computer

juffrou
teacher

boek
book

skêr
scissors

verf
paint

verfkwas
paintbrush

kryte
crayons

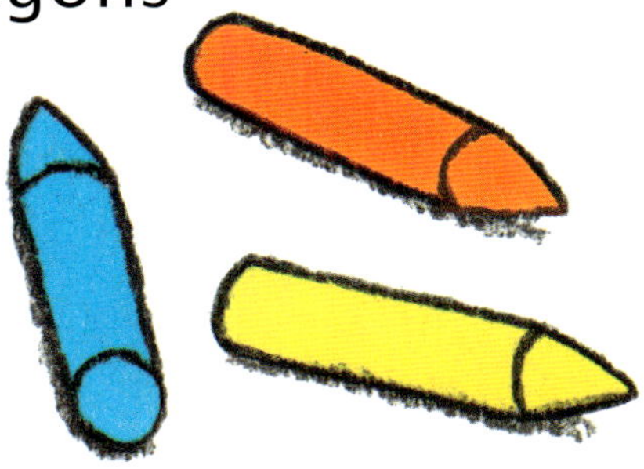

gom
glue

Wat gebruik jy
om iets te knip?
Wat lees Theo?

Wat trek ons aan?

baadjie
jacket

hemp
shirt

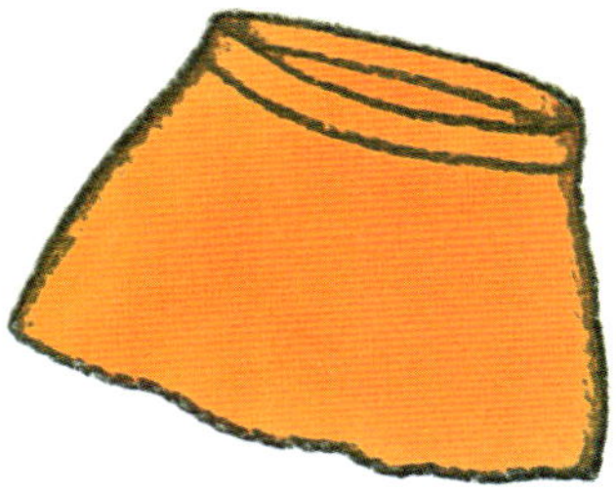

romp
skirt

rok
dress

langbroek
trousers

kortbroek
shorts

sokkies
socks

skoene
shoes

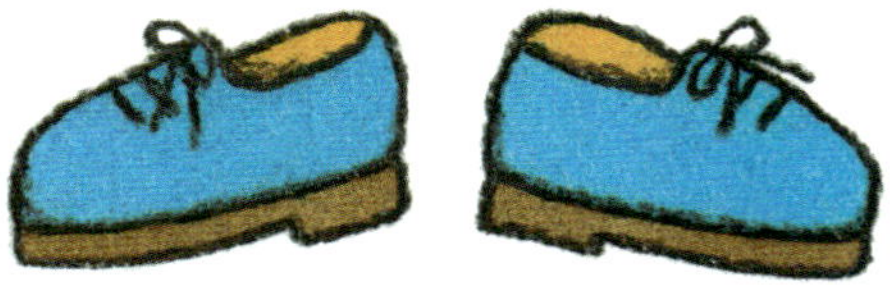

pajamas
pyjamas

nagrok
nightie

onderbroek
underpants

broekie
panties

oortrektrui
pullover

T-hemp
T-shirt

mus
hat

handskoene
gloves

Ons speel in die tuin

grassnyer
lawnmower

kruiwa
wheelbarrow

skoenlapper
butterfly

voël
bird

gieter
watering can

fiets
bike

plasdammetjie
paddling pool

blom
flower

Wat het vlerke en fluit mooi?
Waarmee speel Tom en Theo?

Kom kuier in ons straat

huis
house

winkel
shop

polisieman
policeman

pad
road

motorkar
car

straatlig
street light

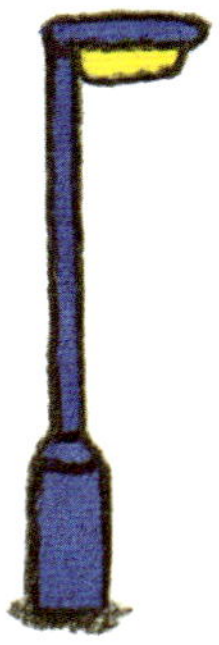

rolstoel
wheelchair

verkeerslig
traffic light

Wat het 'n stuurwiel en 'n enjin?
SPEELGOEDWINKEL

Rygoed!

rollemskaatse
rollerblades

vragmotor
lorry

motorfiets
motorbike

bus
bus

stortvragmotor
dumper truck

laaigraaf
digger

skip
boat

skaatsplank
skateboard

vliegtuig
aeroplane

helikopter
helicopter

ambulans
ambulance

brandweerwa
fire engine

warmlugballon
hot air balloon

trein
train

vuurpyl
rocket

In die speelgoedwinkel

legkaart
jigsaw puzzle

garage
garage

teddiebeer
teddy bear

handpop
puppet

lorrie
truck

pophuis
doll's house

pop
doll

blokkies
blocks

Wat het die verkoopsman in sy hand?
Waarmee speel jy die lekkerste?

In die supermark

fles
jar

sak
bag

blikkie
tin

mandjie
basket

winkeltrollie
trolley

geld
money

betaalpunt
checkout

bottel
bottle

Hoekom lyk Mamma so bekommerd?
Waarin pak jy jou inkopies?

Kos laat my groei

vrugte
fruit

groente
vegetables

rys
rice

hamburger
hamburger

tjips
chips

spaghetti
spaghetti

graankos
cereal

kaas
cheese

eiers
eggs

vis
fish

hoender
chicken

koekies
biscuits

pizza
pizza

melk
milk

brood
bread

jogurt
yoghurt

In die troeteldierwinkel

konyn
rabbit

katjie
kitten

goudvis
goldfish

hokkie
cage

hamster
hamster

hondjie
puppy

mandjie
basket

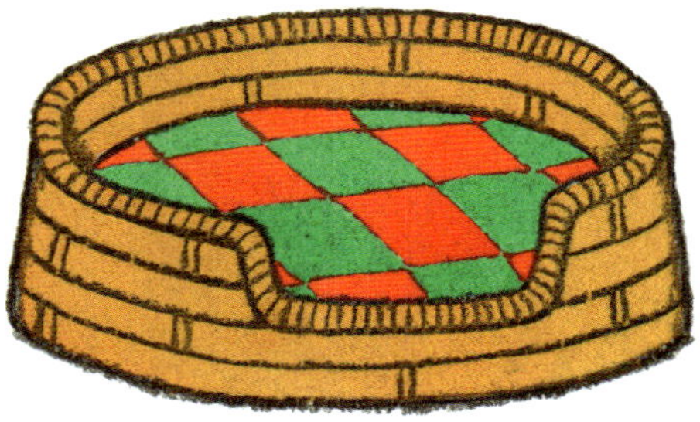

budjie
budgie

Wie slaap in die hondjie se mandjie?
Watter troetel-dier verkies jy?

Ons gaan speel in die park

glyplank
slide

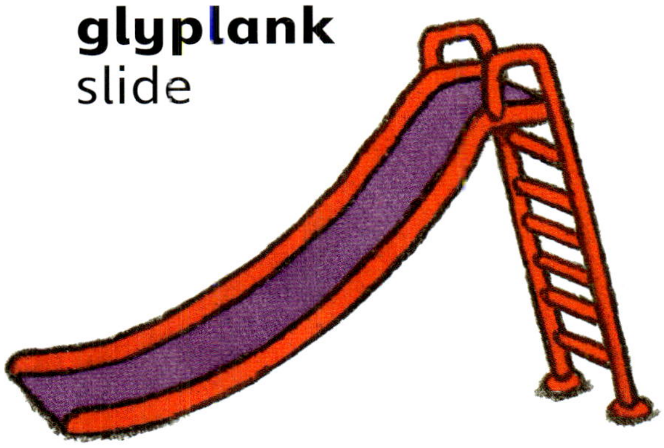

swaai
swing

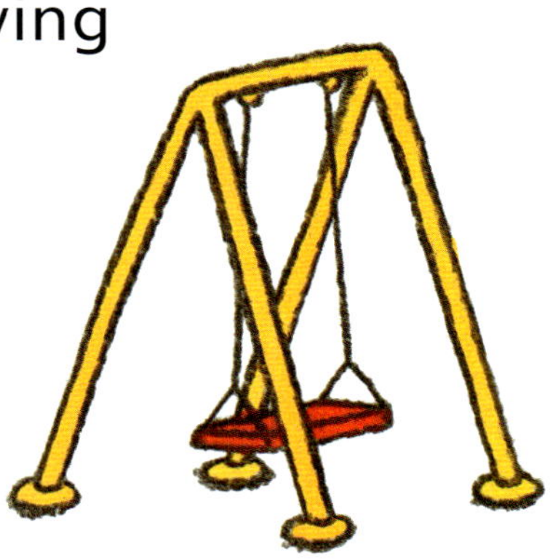

stootwaentjie
buggy

klimraam
climbing frame

bank
bench

boom
tree

hond
dog

eend
duck

Watter soort voël swem in die dam?
Waarop sit Oupa?

Groot en klein diere

kangaroe
kangaroo

kameelperd
giraffe

leeu
lion

olifant
elephant

panda
panda

krokodil
crocodile

walvis
whale

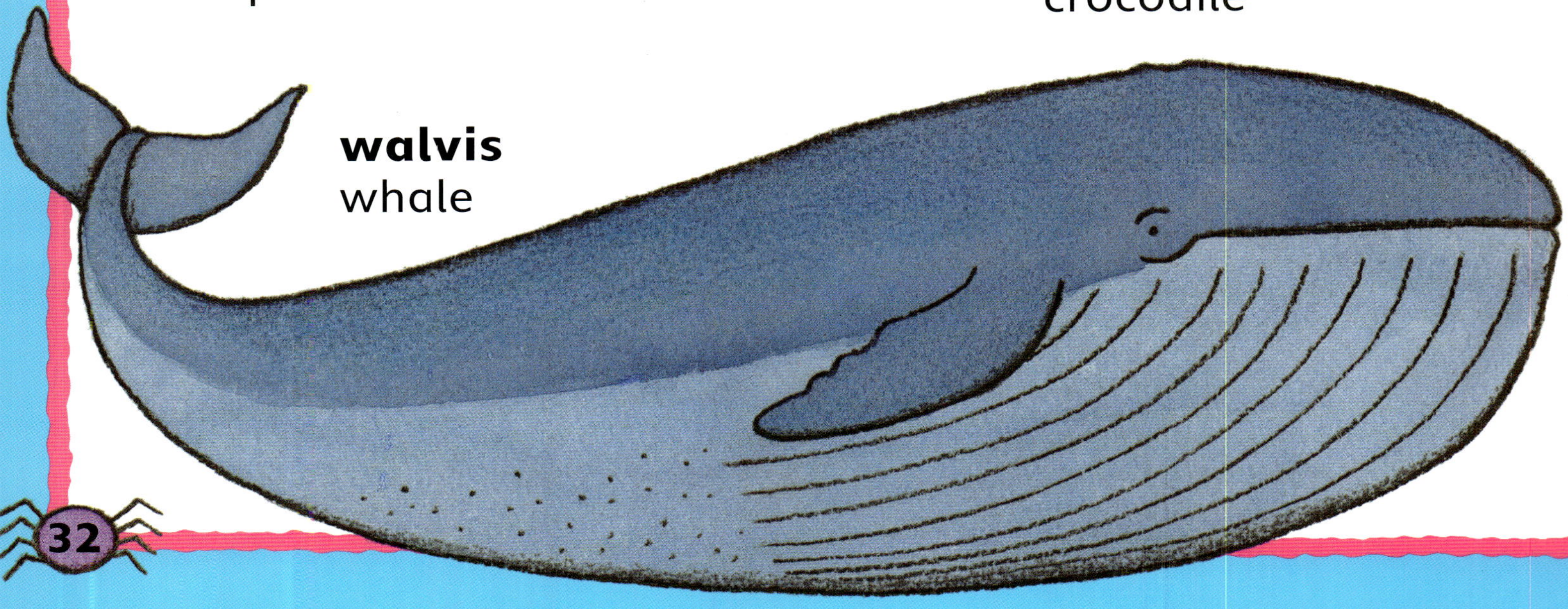

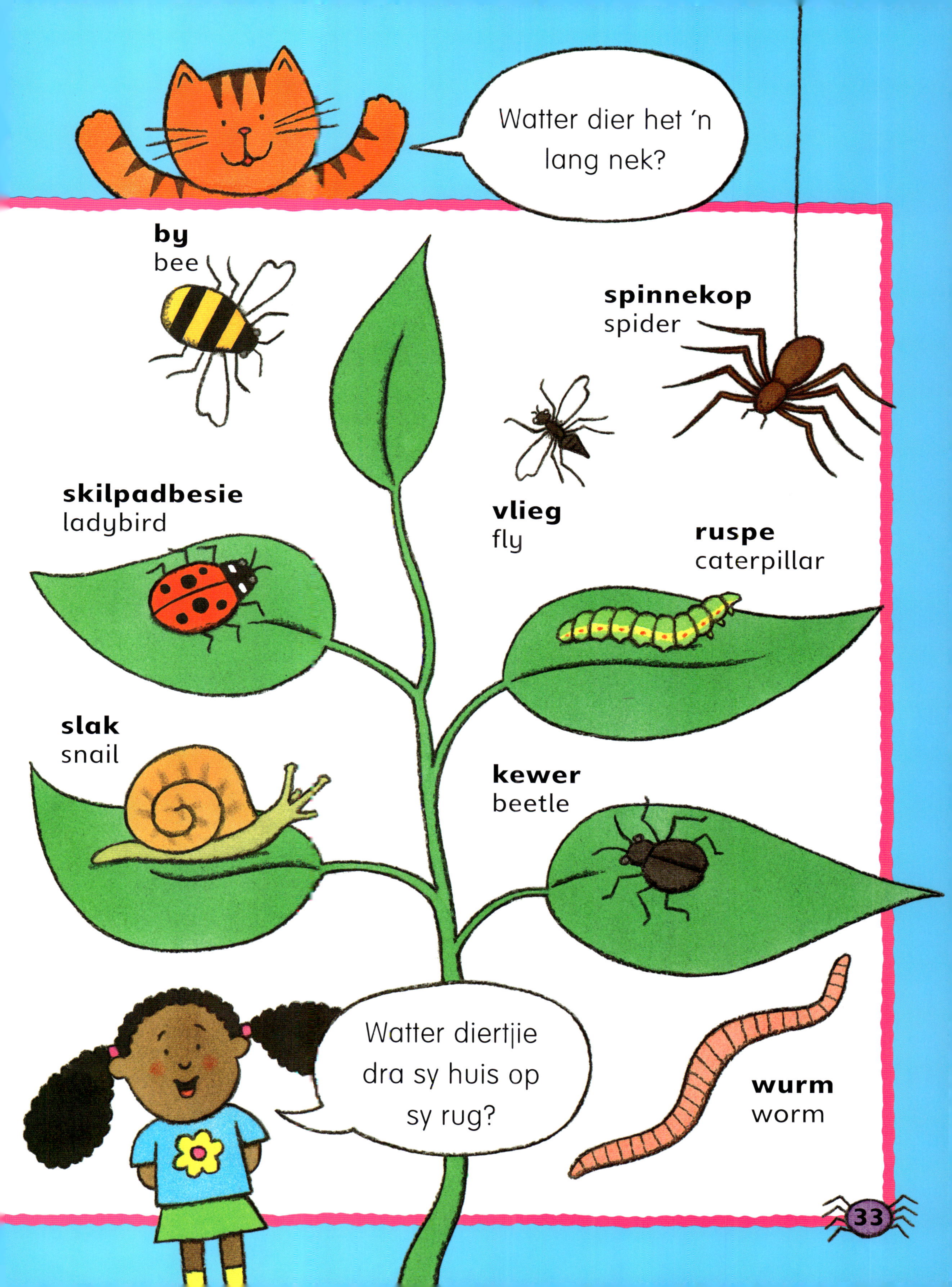
Watter dier het 'n lang nek?
by
bee
spinnekop
spider
skilpadbesie
ladybird
vlieg
fly
ruspe
caterpillar
slak
snail
kewer
beetle
Watter diertjie dra sy huis op sy rug?
wurm
worm

Op die plaas

boer
farmer

hen
hen

perd
horse

hek
gate

trekker
tractor

lammetjie
lamb

koei
cow

hooi
hay

Watter diere gee vir ons melk?
Wat noem ons 'n babaskapie?

Ons gaan strand toe

skulp
shell

krap
crab

seemeeu
seagull

sandkasteel
sand castle

strandbal
beach ball

brander
wave

emmertjie
bucket

grafie
spade

Watter soort voël woon by die see?
Wat kan 'n mens van sand bou?

Kyk wat kan ons doen!

spring
jump

loop
walk

hardloop
run

klap
clap

dra
carry

verf
paint

dans
dance

sing
sing

lag
laugh

borsel
brush

knip
cut

huil
cry

eet
eat

drink
drink

Kleure oral om ons

Watter kleur is jou pajamas?
groen
green
oranje
orange
pienk
pink
bruin
brown
wit
white

Tel saam met my

1

een
one

2

twee
two

3

drie
three

4

vier
four

5

vyf
five

6
ses
six

7
sewe
seven

8
agt
eight

9
nege
nine

10
tien
ten

Dwarsdeur die jaar

dag
day

nag
night

son
sun

reën
rain

wind
wind

sneeu
snow

Register